EL NIÑO Y SU MUNDO

Fácil y divertido

ACTIVIDADES PARA APRENDER

El niño de 3 años

Grace Jasmine

ONIRO

Título original: *Quick & Fun Learning Activities for 3 Year Olds*
Publicado en inglés por Teacher Created Materials, Inc.

Traducción de Elena Barrutia

Diseño de cubierta: Valerio Viano

Ilustraciones del interior: Sue Fullam y Jose L. Tapia

Fotografía de cubierta: SuperStock S.L.

Distribución exclusiva:
Ediciones Paidós Ibérica, S.A.
Mariano Cubí 92 – 08021 Barcelona – España
Editorial Paidós, S.A.I.C.F.
Defensa 599 – 1065 Buenos Aires – Argentina
Editorial Paidós Mexicana, S.A.
Rubén Darío 118, col. Moderna – 03510 México D.F. – México

ISBN: 84-95456-68-0
Depósito legal: B-27.895-2001

Impreso en Hurope, S.L.
Lima, 3 bis – 08030 Barcelona

Impreso en España – *Printed in Spain*

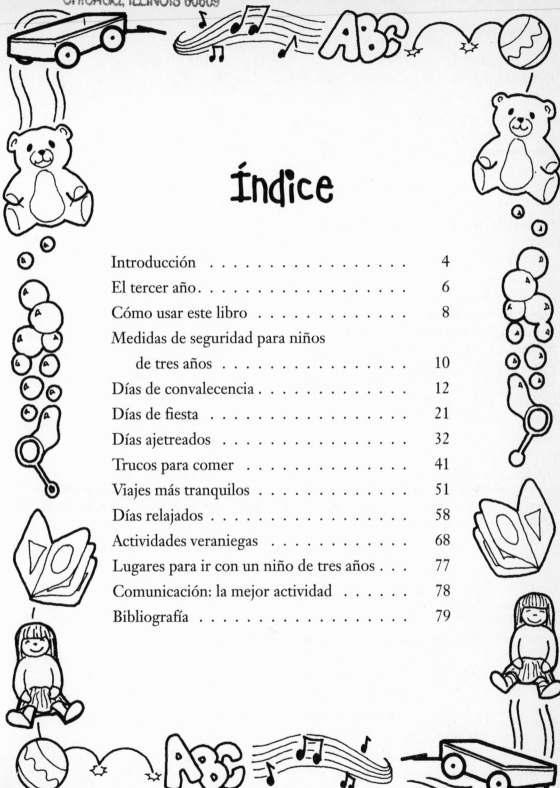

Índice

Introducción

¿Te está tirando alguien de la manga?

Si tienes un hijo de tres años y estás mirando este libro en una librería, es muy probable que alguien te esté metiendo prisa para que hagas lo que él quiere. Ese alguien es tu hijo.

Si estás agobiado y no tienes tiempo para nada, o si hace siglos que no cierras la puerta del cuarto de baño, es muy probable que tengas un hijo de tres años.

Si dices «Deja eso» y «Sácate eso de la boca» a cualquiera, o si has oído la palabra «no» más veces de las que quisieras recordar (y la repites a menudo tú también), es muy probable que tengas un hijo de tres años. Por eso precisamente has abierto este libro.

¿Cómo puedo tener contento a este niño?

Tener contento a todas horas a un niño de tres años es imposible. Pero puedes proporcionarle interesantes experiencias de aprendizaje en casa y en los sitios adonde vayas con las actividades de este libro. Te aseguro que funcionan, porque las he probado con una experta en la materia: una niña de tres años que no se ha despegado de mí mientras escribía este libro.

¿Me resultará útil este libro?

Si respondes afirmativamente a cualquiera de estas preguntas, sin duda alguna este libro te resultará muy útil para convivir con tu hijo.

1. ¿Es tu hijo curioso? ¿Está continuamente haciendo preguntas, tocándolo todo y experimentando?
2. ¿Te hace muchas preguntas, se interesa por la gente que le rodea e intenta compartir experiencias?

Introducción (cont.)

3. ¿Es muy activo? ¿Te pasas el día diciendo «Siéntate», «No toques eso», «Ahora no» y «Sácate eso de la boca»?
4. ¿Hay días en los que te gustaría irte sola a una isla desierta?
5. ¿Te preocupa que tu hijo no realice todas las actividades que consideras adecuadas para él en casa o en la guardería?
6. ¿Quieres aprovechar al máximo el tiempo que pasas con tu hijo y que aprenda mientras juega?
7. ¿Quieres que el tiempo que pasáis juntos sea más positivo para ambos?
8. ¿Está a veces pesado, caprichoso e irritable?

Si has respondido «sí» a un mínimo de dos preguntas, este libro te ayudará a convertir la vida cotidiana con tu hijo de tres años en una experiencia maravillosa para los dos.

El tercer año

¿Es mi hijo como los demás?

Sí y no. Cada niño evoluciona a su ritmo, y entre las distintas fases de desarrollo hay muchas zonas ambiguas. Pero es normal que te preguntes si está a la altura de otros niños de su edad.

Algunos días se comporta como un bebé

La Asociación Nacional de Educación Infantil (NAEYC) ha establecido una serie de «prácticas adecuadas» para niños de cero a ocho años. En el Programa de Prácticas de Desarrollo Adecuadas se afirma: «Los niños de tres años no son ya bebés, aunque a veces se comporten como tales; otras veces parece que tienen un dominio del lenguaje y una capacidad motriz propia de un niño de cuatro años. La clave consiste en mantener unas expectativas adecuadas... en no esperar demasiado ni muy poco de ellos» (1987, p. 47).

Por lo tanto, es importante que sepas qué es razonable y que adaptes tus expectativas a esas pautas.

Qué se puede esperar

- Con tres años los niños comienzan a desarrollar el sentido de la independencia. A veces están enojados y frustrados y necesitan hacer las cosas ellos solos.
- Si un niño de tres años se siente frustrado o cansado llorará, se chupará el dedo o se quejará, y necesitará que le ayuden y le reconforten como si fuera un bebé.
- Los niños de tres años suelen atravesar un periodo de crecimiento lento. Muchas veces tu hijo no tendrá apetito, y te dará la impresión de que no come nada. Dale alimentos nutritivos en pequeñas proporciones y procura que las comidas no se conviertan en un forcejeo.
- Los niños de tres años normalmente saben compartir, pero no siempre están dispuestos a hacerlo, ni es apropiado que lo hagan. A todo el mundo le apetece tener un poco de privacidad de vez en cuando.
- Los niños de tres años suelen cansarse con frecuencia, y muchos días necesitan dormir la siesta.
- Los niños de tres años necesitan tiempo para jugar con toda libertad como ellos quieran. No organices todas sus actividades.

El tercer año (cont.)

- Los niños de tres años necesitan un espacio para jugar dentro y fuera de casa, y deben ejercitar los músculos largos todos los días corriendo, escalando y saltando.
- Los niños de tres años necesitan ver libros y leer todos los días.
- Los niños de tres años no necesitan aprender el alfabeto y los números, aunque si los ven con frecuencia acabarán aprendiéndolos y disfrutando con ellos.
- Los niños de tres años necesitan sentirse seguros. Necesitan que les abracen y les digan que les quieren todos los días.
- Los niños de tres años necesitan que les hablen. Necesitan tener conversaciones a diario con adultos que se preocupen por ellos.
- A los niños de tres años les gustan los juegos de simulación, las canciones y las rimas.
- La televisión controlada (sobre todo los vídeos y los programas educativos) puede ser muy positiva para potenciar la experiencia y la imaginación de un niño de tres años.
- Los niños de tres años se ensucian y se mojan con facilidad. No usan bien las servilletas ni el cuarto de baño. Se llevan a la boca todo lo que pillan y meten los dedos en los enchufes. Normalmente no ven el peligro.

Cómo usar este libro

Líneas generales

Este libro de actividades ha sido diseñado para que lo uses con facilidad y para que el tiempo que pases con tu hijo sea mucho más agradable. Las actividades están divididas por temas, y en cada una se incluyen los materiales necesarios y se detallan las instrucciones que debes seguir para realizarlas. Todas ellas se pueden llevar a cabo con objetos que normalmente suele haber en casa, y están adaptadas a las necesidades de desarrollo de tu hijo. De este modo, además de pasar un buen rato con él le ayudarás a desarrollar todo su potencial.

Comienzo

Si miras el índice del libro verás que los títulos de las secciones están relacionados con situaciones cotidianas en la vida de un niño de tres años. No tendrás que hacer nada especial ni comprar muchas cosas para poner en práctica las actividades. El principal objetivo es que tu vida y la de tu hijo sea más fácil y amena.

Antes de comenzar lee las secciones «El tercer año» y «Medidas de seguridad». En ellas encontrarás una serie de pautas sobre el desarrollo de tu hijo y algunos consejos de seguridad que deberías recordar.

Contenido de las secciones

En cada sección se incluye una introducción en la que se explican los objetivos básicos y se ofrecen algunos consejos prácticos. Todas ellas giran en torno a temas y situaciones habituales en la vida de un niño de tres años.

◆ **Días de convalecencia:** Con las actividades de esta sección te resultará más fácil entretener a tu hijo cuando esté en casa enfermo. Son sencillas y relajantes, y os ayudarán a sentiros más animados.
◆ **Días de fiesta:** Además de conseguir que tu hijo participe en las celebraciones especiales, con las actividades de esta sección disfrutarás con él de las fiestas, incluso en los momentos de tensión.

Cómo usar este libro (cont.)

◆ **Días ajetreados:** Estas actividades son perfectas para cuando tengas que ir con tu hijo de un lado a otro o necesites un cuarto de hora para ti. Te ayudarán a llevar mejor los días de mucho ajetreo.

◆ **Trucos para comer:** Las peleas a la hora de comer suelen ser frecuentes con un niño de tres años. Gracias a las actividades de esta sección podrás disfrutar de nuevo de las comidas (o al menos no te dolerá la cabeza).

◆ **Viajes más tranquilos:** Viajar en coche con tu hijo puede ser divertido. Las actividades de esta sección os ayudarán a llegar a vuestro destino relajados y de buen humor.

◆ **Días relajados:** A veces los mejores días son esos en los que no hay nada que hacer. Estas actividades son para los días que tengáis tiempo para crear, explorar e inventar.

◆ **Actividades veraniegas:** Los días ociosos de verano nos hacen evocar recuerdos entrañables. Con las actividades de esta sección tu hijo y tú disfrutaréis de la magia y la tranquilidad que solemos asociar con esta época del año.

Dedicado a ti y a tu maravilloso hijo

Educar a un niño de tres años no es fácil. Algunos días resulta frustrante, y otros proporciona muchas satisfacciones. Este libro está dedicado a todos los padres que pretenden conseguir que sus hijos vivan en un mundo más sano y feliz.

Medidas de seguridad para niños de tres años

Jugar sin riesgos

No hace falta recordar a ningún padre que debe tener siempre en cuenta la seguridad de su hijo. Todos tenemos unas nociones básicas de las medidas que debemos adoptar. Los siguientes consejos son una revisión general de las situaciones de riesgo más habituales, sobre todo de las que están relacionadas con las actividades de este libro.

Consejos de seguridad

◆ Protege los enchufes de tu casa con fundas de plástico. Si tu hijo va a una guardería comprueba si los enchufes están protegidos.

◆ Si un niño se queda encerrado en el baño por error puede pasar cualquier cosa. Quita los pestillos de los cuartos de baño y ya volverás a ponerlos cuando tu hijo crezca.

◆ Las estanterías y los muebles grandes deben estar sujetos a la pared. Los niños de tres años suelen ser unos excelentes escaladores.

◆ Guarda las bolsas de plástico y las bolsas de basura en zonas altas y tíralas después de atarlas para que tu hijo no pueda abrirlas y ponérselas sobre la cabeza.

◆ Recuerda que tu hijo puede acercar una silla a un armario y subirse a ella. Los niños de tres años son muy ingeniosos. Guarda las medicinas y los productos de limpieza en armarios cerrados.

◆ Sé coherente con las normas domésticas y comunícaselas a tu hijo.

◆ Los niños de tres años pueden abrir la puerta de casa y marcharse. Suelen ser muy hábiles con las cerraduras. Comprueba de vez en cuando dónde está tu hijo.

◆ Ten cuidado con la cocina y el horno. Explica al niño que sólo pueden usarlos las personas mayores.

◆ Ayuda a tu hijo a usar las tijeras, la cola y otros materiales que puedan ser peligrosos. (Guarda las tijeras y otros utensilios fuera de su alcance.)

◆ Cuando compres materiales para hacer manualidades asegúrate de que no sean tóxicos.

Medidas de seguridad para niños de tres años (cont.)

◆ Ten mucho cuidado con las piezas pequeñas de cualquier aparato, las monedas, los botones y los juguetes pequeños. Aunque la mayoría de los niños saben que no deben hacerlo, algunas veces se los meten a la boca.

◆ Considera la posibilidad de hacer un cursillo de resucitación cardiopulmonar. Podrías salvar la vida de tu hijo.

◆ No pierdas de vista a tu hijo cuando esté nadando o jugando con agua y toma las medidas de seguridad oportunas lo antes posible.

◆ Habla con tu hijo sobre la seguridad en la calle. Enséñale a cruzar la calle y recuérdale que siempre debe ir de la mano de un adulto.

◆ Explica a tu hijo que no debe hablar con desconocidos.

◆ Enseña a tu hijo a llamar al 91 en casos de emergencia. (Algunos niños de tres años llaman para practicar, así que ten en cuenta si es una decisión adecuada.)

◆ Comunícate. A medida que tu hijo crezca y tenga más oportunidades de conocer el mundo, cuanto más te comuniques con él más seguro y contento se sentirá.

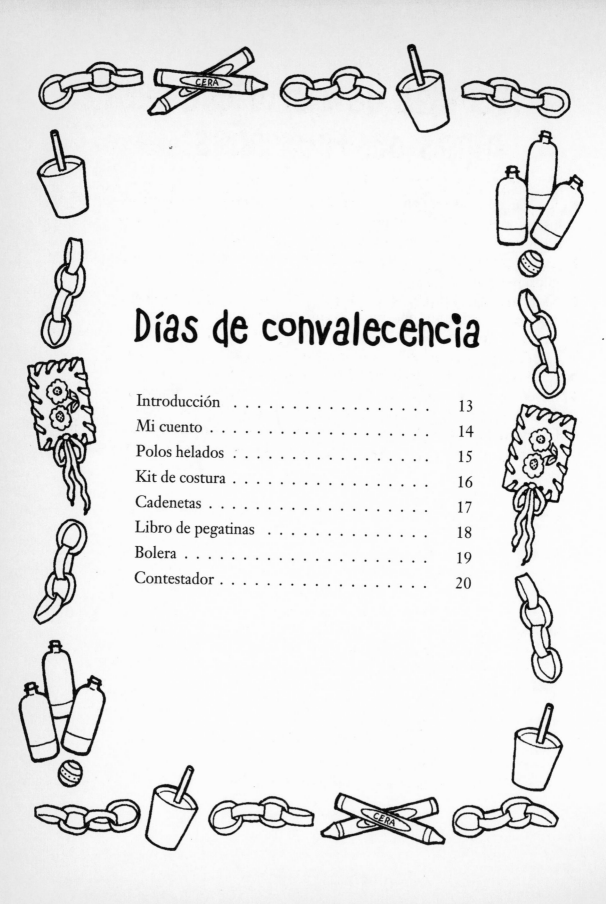

Días de convalecencia

Introducción

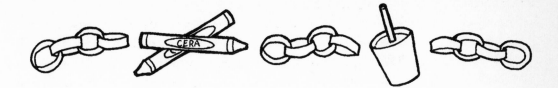

Mamá, estoy malito

No hay nada peor que un niño irritable, excepto un niño enfermo. A nadie le gusta estar enfermo, y para un niño de tres años puede ser especialmente difícil.

Cómo hacerlo más fácil

Con las actividades de esta sección tu hijo y tú tendréis unas experiencias más agradables y positivas cuando él esté enfermo. Todas ellas son fáciles de hacer, y le animarán mucho sin que tú tengas que complicarte la vida.

Consejos para días de convalecencia

- ◆ Recuerda que esos días no estará de muy buen humor. No te preocupes si no le entusiasma una actividad o se cansa enseguida.
- ◆ Dale varias opciones al elegir una actividad. En algunos casos el hecho de tener un poco de control le ayudará a sentirse mejor.
- ◆ Reduce tus expectativas. Cuando tu hijo esté enfermo no podrás organizarte como de costumbre. Sé tolerante contigo misma.

- ◆ Ponte en su lugar. ¿Recuerdas cómo te sentías cuando eras pequeña y estabas enferma? Todos nos acordamos de alguna situación en la que mamá, papá o la abuela nos cuidaban con especial cariño.

Mi cuento

Materiales

Papel
Lápices de cera
Grapadora
Rotulador
Punzón (opcional)
Anillas (opcional)
Lana (opcional)

Actividad

Cuando tu hijo esté enfermo se aburrirá y estará más inquieto que de costumbre. Haz con él un cuento de dibujos para que se entretenga un rato. Además, con esta actividad desarrollará su capacidad de expresión y de prelectura.

Para empezar anímale a que haga varios dibujos y explícale que vais a hacer con ellos un cuento como los que le sueles leer.

También puedes buscar los dibujos del niño que hayas ido guardando. Enséñaselos y dile que elija los que quiera poner en el cuento. O deja que los ponga todos.

Dile a tu hijo que te cuente una historia de cada dibujo y escribe sus palabras en el papel con un rotulador.

Con esta parte de la actividad comenzará a relacionar las expresiones orales con las palabras escritas. Y te contará unas historias maravillosas que podréis recordar años después.

A continuación junta los dibujos y grápalos en el margen izquierdo. También puedes perforar unos agujeros y unirlos con tres anillas o atar unos lazos con trozos de lana. Dile a tu hijo que haga un dibujo para la portada del cuento y ayúdale a escribir su nombre.

Dale la oportunidad de compartir su cuento con sus amigos y el resto de la familia y ponlo con los cuentos que leáis normalmente.

A los abuelos les encanta que les regalen estos cuentos.

polos helados

Materiales

Vasos pequeños de papel
Zumo de manzana
Polos con palito
Congelador
Bandeja

Actividad

Cuando tu hijo no se sienta bien y tenga que quedarse en casa varios días, haz con él unos polos helados. Además de pasar un buen rato, con esta sencilla actividad conseguirás que tome más líquidos.

Reúne los ingredientes y ponlos en una bandeja. (Si tienes una con patas podéis hacerlo en la cama.) Para cada helado necesitarás un vaso pequeño de papel, un polo y un poco de zumo de manzana.

Ayuda al niño a llenar los vasos de papel con zumo de manzana y a meter dentro los polos con el palito hacia arriba. El zumo hará que el polo se derrita parcialmente y dé sabor al helado.

Mete los vasos en el congelador. Al cabo de unos 20 minutos, cuando el zumo se endurezca un poco, pon los palitos derechos.

Espera a que los polos estén bien congelados y sácalos de los vasos. Luego el niño podrá comer los helados agarrándolos de los palitos.

kit de costura

Materiales

*Cordones de zapatos o
lana*

Cola blanca no tóxica

*Fotografías de
revistas viejas*

Cartón

Punzón

Caja

Actividad

Si tu hijo está enfermo y el médico recomienda que se quede en la cama es muy probable que se queje porque no puede jugar. En esos casos prueba con este kit de costura. Es muy fácil de preparar y se puede usar una y otra vez. A mi hija le encanta jugar con él incluso cuando está bien. Y también sirve para niños.

En primer lugar recorta fotografías de colores de revistas viejas y pégalas en varios trozos de cartón.

Luego perfora agujeros en los bordes de los cuadros, dejando entre ellos unos dos centímetros y medio. En algunos intenta hacer los agujeros más separados para ver qué le va mejor a tu hijo.

Busca una caja para guardar los cuadros y los cordones. Si lo prefieres puedes usar trozos de lana. Retuerce los extremos, pégalos con cola y deja que se sequen. Así la lana pasará con más facilidad por el cartón.

Enseña a tu hijo a pasar los cordones o la lana por los agujeros de los cuadros de cartón. Luego guárdalos para usarlos de nuevo cuando le apetezca.

Haz cuadros de distinto tipo con fotografías de revistas que le gusten a tu hijo. También puedes usar trozos de papel de regalo para hacer cuadros de colores.

Cadenetas

Materiales

Cartulina
Cola blanca no tóxica
Tijeras
Regla

Actividad

A los niños de tres años les encanta hacer adornos para fiestas. ¿Por qué no aprovechas unos días de convalecencia y preparas una cadeneta para una ocasión especial?

Consigue cartulinas de diferentes colores y recorta muchas tiras. Para manos pequeñas van bien las tiras de unos 15×2 centímetros.

Enseña a tu hijo a unir una tira poniendo una gotita de cola en un extremo y apretándolo contra el otro hasta que queden bien pegados.

Luego ayúdale a pasar la segunda tira por el hueco de la primera antes de pegarla.

Mientras hacéis la cadeneta háblale de lo larga que va a ser y de lo bonita que quedará en la fiesta.

Busca un sitio para guardar la cadeneta para que tu hijo pueda trabajar con ella durante varios días. De ese modo podrá parar cuando se canse y la actividad no dejará de ser divertida.

Cuelga la cadeneta de papel en su habitación mientras esté enfermo y luego guárdala para la ocasión prevista.

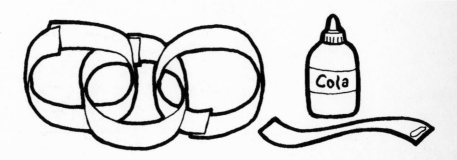

Libro de pegatinas

Materiales

Álbum de fotos con
  hojas de plástico
Pegatinas de todo tipo

Actividades

Estar enfermo no es nada divertido. Cuando tu hijo se encuentre un poco mejor y quiera hacer algo proponle que haga un libro de pegatinas. Mi hija tiene un álbum grande de fotos con hojas de plástico adhesivas que normalmente se despegan para colocar las fotografías. Ella pega en esas hojas sus pegatinas y pasa unos ratos estupendos.

Para empezar busca un álbum de fotos. Puedes vaciar uno viejo o comprar uno nuevo.

Después consigue pegatinas para que tu hijo las coloque en su libro. En muchas tiendas las venden en paquetes por poco dinero. Además, en algunas tienen sus propias pegatinas y suelen regalarlas. Coge todas las pegatinas que te ofrezcan y resérvalas para esta actividad.

Ayuda a tu hijo a separar las pegatinas de la base para que las pegue en su libro como quiera.

Cuando llene el libro se entretendrá mucho mirándolo una y otra vez. Y si quieres puedes poner más páginas.

Bolera

Materiales

Pelota de plástico grande y ligera
10 cajas de plástico de vídeos o 10 botellas de plástico
Pasillo

Actividad

Imagina que tu hijo se está recuperando de algo contagioso y no puede salir de casa en una semana. ¿Qué puedes hacer con él? Cuando esté muy aburrido juega con él a los bolos. Esta actividad la inventó un amigo nuestro, y aunque los materiales no son muy ortodoxos sentirás un gran alivio al tener algo interesante que hacer.

Reúne unas cuantas cajas de vídeos para usar como bolos. Si quieres puedes dejar las cintas dentro, porque este juego es bastante suave y no se estropearán. También puedes utilizar botellas vacías de plástico grandes o pequeñas. Recuerda que los tapones de las botellas son peligrosos. No olvides quitarlos.

Busca un pasillo adecuado y cierra las puertas para que la pelota no se salga de su camino. Coloca las cajas de vídeo o las botellas como en una bolera. Muchos niños de tres años son capaces de recolocar los bolos. Practica con tu hijo unas cuantas veces para que aprenda a hacerlo.

Una vez instalada la bolera, túrnate con el niño para lanzar la pelota por el pasillo. Verás cómo enseguida se anima a jugar toda la familia.

Sugiere a tu hijo que coloque los bolos de diferentes maneras para ver cuántos puede tirar. Se lo pasará en grande.

Contestador

Materiales

*Contestador
automático*

Actividad

Esta actividad se puede repetir muchas veces, y a los niños les encanta. Además de ser una de las actividades favoritas de tu hijo, a la gente que llame por teléfono le hará mucha gracia. Mi hija ha grabado varios mensajes, algunos de ellos con felicitaciones y canciones. A nosotros nos gusta. (Y si le molesta a alguien no nos importa que no quiera hablar con nosotros.) Prueba a hacer esta actividad cuando tu hijo tenga que quedarse en casa y se te acaben las ideas.

Dile que vais a grabar un mensaje en el contestador. Pon el mensaje que haya grabado para que lo escuche y pregúntale qué le gustaría decir.

Después deja que practique un poco. Dile que incluya las frases básicas, como «Gracias por llamar» y «Deja tu mensaje». Algunos niños necesitan mucha ayuda para hacerlo, y otros lo captan enseguida, como suele ocurrir con los adultos.

Haz una grabación y pónsela para que pueda escucharla. Quizá tengáis que repetirlo varias veces hasta grabar un mensaje que os guste a los dos. Algunos de estos mensajes son muy graciosos, y tu hijo se sentirá muy orgulloso de sí mismo. (Si tienes alguno especial inclúyelo en la cinta en la que grabes su voz.)

Cuando terminéis podéis sentaros a esperar a que llame alguien para ver qué dice.

Días de fiesta

Introducción

Días de tensión y felicidad

Cuando pensamos en las fiestas unas veces nos acordamos de los momentos felices con la familia, los amigos y los niños reunidos alrededor de una mesa. Y otras recordamos las discusiones, los gritos de los niños, los lloros y el agotamiento. Las fiestas son una mezcla de ambas cosas. Hacen que aflore lo peor y lo mejor de todos nosotros, incluso de los niños de tres años. A esa edad están comenzando a comprender el sentido de lo que sucede a su alrededor. El hecho de que estén nerviosos y emocionados es positivo; significa que son conscientes de su mundo y que empiezan a comprenderlo.

Enfoque positivo

¿Qué podemos hacer los padres para que los días de fiesta sean menos estresantes y más divertidos para todos? En primer lugar recuerda que tu hijo va a sobreexcitarse y que es posible que llore y coja una rabieta. Es algo perfectamente normal. Las actividades de esta sección te ayudarán a convertir los días de fiesta en ocasiones memorables sin demasiado esfuerzo.

Consejos para fiestas

◆ Echa un vistazo a estas actividades antes de que llegue una fiesta. Organiza varias actividades y ten los materiales preparados. De ese modo podrás ponerlas en práctica en cuanto sea necesario y evitarás situaciones desagradables.
◆ Descansa. Dile algún miembro de la familia que se ocupe de tu hijo para que puedas tomar un baño, dar un paseo o ver una película. Necesitas estar un rato alejada de él para que el tiempo que paséis juntos sea agradable y positivo.
◆ Relájate. Si las cosas no salen como las habías planeado no te preocupes. Las actividades de esta sección se pueden modificar, como los planes para los días de fiesta. Lo más importante es que los dos disfrutéis todo lo posible.

tarjetas con forma de pavo

Materiales

Cartulinas de colores
*Barra de pegamento
o cola blanca
(no tóxica)*
Tijeras
*Lápices de cera o
rotuladores*

Actividad

Haz con tu hijo unas tarjetas para la cena de Navidad después de meter el pavo en el horno para que cada comensal sepa dónde tiene que sentarse. A mi hija le encantaba decir a nuestros invitados que las había hecho ella, y la gente se llevaba un bonito recuerdo de la cena.

Despeja una mesa y coloca encima todos los materiales. Si no quieres perder mucho tiempo limpiando utiliza una barra de pegamento y lápices de cera en lugar de cola y rotuladores.

Recorta plumas de distintos colores; hacen falta cuatro para cada tarjeta. Recuerda que no tienen que quedar perfectas. Dile a tu hijo que comience a dibujar los detalles de las plumas mientras tú preparas el resto de las cosas. Después dile que ponga la mano sobre un trozo de cartulina y traza el contorno para hacer el cuerpo del pavo. Recorta un cuerpo para cada tarjeta.

Ayuda a tu hijo a pegar una pluma en cada dedo y a dibujar la cara del pavo en el pulgar.

Dobla otro trozo de cartulina en cuatro partes para usarlo como base. Luego pega el pavo en la tarjeta y ayuda al niño a poner el nombre de cada invitado.

Nota: No te sorprendas si tienes que hacer tú todo el trabajo. El objetivo es que pases un rato agradable con tu hijo para que participe de algún modo en la celebración.

Calabazas de menta

Materiales

*¹/₄ taza de leche
(60 ml)*

*4 cucharaditas de
mantequilla*

*3¹/₄ tazas de azúcar
en polvo (800 ml)*

*2 o 3 gotas de
extracto de menta*

*Colorante
alimentario verde,
rojo y amarillo*

*Delantales o camisas
viejas*

Papel de cocina

Dos cuencos

Cazo

Tenedor

Bandeja

Actividad

La mayoría de las recetas de los libros de cocina son demasiado complicadas para los niños de tres años. Pero ésta no. Estas calabazas son muy fáciles de hacer, siempre salen bien y tu hijo se divertirá mucho ayudándote a prepararlas. Además son perfectas para Halloween o cualquier otra fiesta.

En primer lugar calienta la leche y la mantequilla. Luego echa el azúcar, remuévelo y añade el extracto de menta.

Después ayuda a tu hijo a amasar la mezcla con las manos limpias hasta que quede uniforme. Coge una octava parte de la masa y echa unas gotas de colorante verde para hacer los rabos. Vuelve a amasarla para que el color se mezcle bien y ponla en un recipiente tapado.

Ayuda a tu hijo a mezclar el resto de la masa con colorante rojo y amarillo para hacer una bonita calabaza de color naranja.

Dile al niño que haga bolas pequeñas de caramelo naranja y que las ponga en la bandeja. Coloca un trocito de caramelo verde para los rabos. (Utiliza un tenedor para hacer las estrías de las calabazas.)

Estos caramelos se conservan bien uno o dos días. Puedes servirlos después de la cena o usarlos para decorar la mesa.

Dibujos manuales

Materiales

Zona para pintar

Papel para pintar con los dedos

Periódicos

Pinturas para pintar con los dedos

Papel de cocina

Jabón, agua y ropa vieja

Dos vasos de papel o dos recipientes de plástico

Dos cucharas de plástico

Esponja

Pinzas

Almidón líquido (opcional)

Actividad

A los niños de tres años les encanta pintar con los dedos, y las actividades manuales (incluso las pringosas) son excelentes para su desarrollo. Ponte una camisa vieja, relájate y pasa un buen rato con tu hijo.

Para empezar despeja una zona al aire libre en la que podáis sentaros y estar cómodos. Servirá cualquier espacio que se pueda limpiar con facilidad. Si cubres la zona de trabajo con periódicos ayudarán a absorber el agua.

Echa la pintura en vasos de papel o recipientes de plástico. Emplea sólo uno o dos colores. Si usas demasiados los dibujos pueden quedar emborronados. Y si utilizas pintura normal mézclala con un poco de almidón líquido para que se extienda mejor.

Pon el papel en la superficie de trabajo y humedécelo con una esponja para evitar que se vuele y extender mejor la pintura. Enseña a tu hijo a hacer diferentes figuras con los dedos y con los lados de las manos.

Deja que haga varios dibujos. Cuando estén terminados puedes colgarlos con pinzas en una valla o en un seto para que se sequen.

Papel de regalo artístico

Materiales

Zona para pintar
Papel para pintar con los dedos
Periódicos
Pinturas para pintar con los dedos
Papel de cocina
Jabón, agua y ropa vieja
Dos vasos de papel o dos recipientes de plástico
Dos cucharas de plástico
Esponja
Pinzas
Materiales para extender la pintura: hojas, palitos, trozos de esponja, etc.

Actividad

Tu hijo se lo pasará en grande haciendo su propio papel y ayudando a envolver los regalos para la gente que más quiere.

Sigue las instrucciones de la página 23 para preparar la zona de trabajo, los recipientes con la pintura y el papel.

Después de que tu hijo haya usado las manos para decorar el papel anímale a que utilice otros materiales para extender la pintura. También puede meter frutas en la pintura, por ejemplo naranjas y limones, y estampar con ellas el papel.

Deja que haga varios dibujos. Cuando estén secos ponlos debajo de unos libros o de cualquier objeto pesado para que queden lisos y se puedan usar para envolver regalos. Haz papeles para fiestas especiales con diferentes colores. Por ejemplo puedes hacer papeles rojos y verdes para Navidad, rosas o rojos para el día de San Valentín y de color pastel para Pascua o para los cumpleaños.

Así tu hijo podrá decir a la gente que ha hecho él mismo esos papeles tan bonitos.

Dar y compartir

Materiales

Caja de regalo
Cinta adhesiva
Tijeras
Cartulina
Lápices de cera
Papel de regalo
Lazos

Actividad

Enseñar a los niños a dar y compartir es muy importante. Si comienzan a hacerlo desde pequeños, con tres años pueden participar en la preparación y la entrega de los regalos. A mi hija le encanta regalar cosas, y aunque a veces desvela el secreto antes de que se abra el regalo nos lo pasamos todos muy bien.

Primero habla con tu hijo de lo que significa dar y compartir. Las fiestas son una ocasión estupenda para esto, aunque se pueden hacer regalos cualquier otro día. A veces es más emocionante recibir un regalo inesperado.

Busca los materiales con el niño en casa o en una tienda de manualidades. Si quieres podéis hacer vuestro propio papel y tenerlo a mano. (Cualquier dibujo de tu hijo se puede usar como papel de regalo.)

Habla con el niño de lo que quiera regalar y a quién le gustaría dárselo. Después haz o compra un regalo pequeño. (Recuerda que los regalos no tienen por qué ser caros. Lo que cuenta es la intención.)

Ayúdale a elegir y a envolver su regalo y coméntale lo divertido que es prepararlo.

Aunque los niños de tres años pueden ayudar mucho en esta actividad, no olvides dejar las tijeras afiladas fuera de su alcance.

juegos de palabras con catálogos

Materiales

Catálogos viejos
Lapiceros, rotuladores
o lápices de cera

Actividad

Los niños de tres años sienten una curiosidad natural por el lenguaje y la comunicación escrita. Con esta interesante actividad, que se puede realizar en cualquier momento, conseguirás que tu hijo se vaya familiarizando con las letras y las palabras.

Busca varios catálogos viejos que puedan gustarle al niño. Si quieres puedes enseñarle varios y dejar que elija su favorito.

Mira con él el catálogo y pregúntale qué le gusta más de cada página. Habla del color, el tamaño y el precio de los productos, dile para qué se utilizan y lee algunas descripciones. Si tu hijo reconoce las letras, señala una y pregúntale su nombre. Puedes hacer lo mismo con los números. Después enséñale palabras y relaciónalas con las ilustraciones.

Relee a menudo el mismo catálogo con tu hijo. Aunque a ti te parezca aburrido, él disfrutará mucho y se entusiasmará al ver que reconoce muchas cosas. Intenta hacerlo de diferentes maneras. Dile que te explique los dibujos o que busque una sección especial.

Al cabo de un tiempo comprar por catálogo te parecerá más divertido que nunca.

Álbum de fotos familiar

Materiales

Cámara desechable o fotos ya reveladas
Álbum de fotos vacío

Actividad

Para los niños de tres años es importante rememorar las ocasiones especiales. La capacidad para recordar acontecimientos y detalles específicos forma parte de su desarrollo mental. Si tienes una familia grande, haz con tu hijo un álbum de fotos para que se acuerde de todo el mundo, aunque no los vea a menudo.

Piensa si prefieres usar fotos que ya tengas o sacar otras con tu hijo. En ese caso prepara la cámara cuando celebréis algo especial y saca unas cuantas instantáneas.

Mira con tu hijo las fotos antiguas o las que hayas revelado y deja que seleccione las que quiera poner en el álbum. (Quizá tengas que ayudarle a colocarlas.)

Ojea el álbum con él una y otra vez y dile que se lo enseñe a los amigos y al resto de la familia. Así podrá desarrollar muchas de las capacidades asociadas con el lenguaje oral y escrito.

De vez en cuando añade nuevas fotos al álbum. Acostúmbrate a sacar fotos los días de fiesta para ir ampliándolo. De esa manera tu hijo tendrá un registro cronológico de los acontecimientos de su vida que habrá creado él mismo.

Calabazas

Materiales

Cartulina
Cinta adhesiva
Tijeras
Una calabaza
Rotuladores o lápices
*   de cera*

🦋 Actividad

Una de las actividades más divertidas de Halloween es hacer calabazas luminosas. A los niños de tres años les encantan, aunque son peligrosas para ellos. Todos los años se queman muchos niños. Sin embargo, esta calabaza no tiene ningún riesgo. A mi hija le encanta, porque puede cambiarle la cara cuando quiere.

Prepara los materiales y después sal a buscar una calabaza con tu hijo. Si la elegís juntos también disfrutará de esta parte de la actividad.

Al volver a casa explícale que va a dibujar en cartulina los ojos, la nariz y la boca de la calabaza.

Cuando termine con los ojos, la nariz y la boca recórtalos. (Recuerda que no debes dejar las tijeras a su alcance.) Luego pon un trozo enrollado de cinta adhesiva en la parte posterior de cada pieza y ayuda a tu hijo a pegarlas en la calabaza. Anímale a hacer formas distintas y otro tipo de caras.

Nota: Sugiérele que haga caras tristes, alegres, enfadadas, cansadas, divertidas o asustadas. Háblale de esas emociones y de cuando se siente así.

tarjetas de San Valentín

Materiales

Papel blanco o rosa
Pintura roja
Periódico
Papel de cocina
Esponja
Patatas
Cuchillo afilado
Rotulador

Actividad

Decir «Te quiero» es maravilloso, y también a los niños de tres años les gusta decirlo y demostrar su afecto. Con estas tarjetas de San Valentín tu hijo se divertirá mucho, y podrá hacerlas él mismo.

Antes de comenzar esta actividad con el niño prepara la patata. Córtala por la mitad y haz un corazón en la parte lisa con un rotulador. Después recorta la silueta hasta que el corazón salga de la patata. (Si quieres puedes preparar varias patatas para hacer varias tarjetas a la vez.)

Dobla el papel en forma de tarjeta y ponlo sobre un periódico antes de empezar a imprimir. Echa la pintura en un molde de pasteles para poder mojar bien en ella la patata. Después dile a tu hijo que comience a imprimir la tarjeta. Aunque podrá hacerlo sin demasiada ayuda, es muy probable que se ensucie. Ten a mano un rollo de papel de cocina y una esponja húmeda.

Cuando la tarjeta esté seca pregunta al niño qué quiere que pongas en ella. Escribe su mensaje en la tarjeta y dile que se la entregue a una persona especial el día de San Valentín.

Con este molde de patata también se puede hacer un bonito papel de regalo.

Días ajetreados

Introducción

Llego tarde

Todo el mundo tiene un montón de cosas que hacer. La mayoría de los padres son gente muy ocupada. ¿Cómo puedes conseguir que el tiempo que pases con tu hijo sea agradable y fructífero aunque a veces no tengas demasiado? Algunas de las actividades de esta sección se pueden hacer sobre la marcha, de camino hacia algún sitio o en ratos breves. Y también hay otras con las que tu hijo podrá estar entretenido para que tú puedas centrarte en otra cosa unos minutos (aunque sea poner los pies en alto unos segundos).

Momentos provechosos

Cuando tengas un rato libre, recuerda que debes concentrarte en lo que sea más positivo para tu hijo. A veces lo mejor que puedes hacer es abrazarle y hablar con él. A todos nos gusta que nos presten atención.

Consejos para días ajetreados

◆ Organízate. Mira las actividades de esta sección y memoriza algunas para ponerlas en práctica cuando vayas con tu hijo a algún sitio.
◆ Establece prioridades. Cuando estés ocupada recuerda qué tiene más importancia. Es preferible que tu hijo y tú os sintáis contentos y unidos cinco minutos a terminar una actividad. Sé flexible y ten en cuenta las necesidades de tu hijo.
◆ Disfruta. Tómate un breve descanso para mirar una flor, oler una rosa, ver pasar las nubes o dar un abrazo a tu hijo.

Adornos de pasta

Materiales

*Cordones de zapatos
    nuevos*
Pasta con agujero
*Colorante
    alimentario*
*Recipientes pequeños
    con tapa*
*Bolsas pequeñas de
    papel*
Caja con tapa
Bandeja
Papel de cocina
Tijeras

Actividad

Si enseñas a tu hijo a hacer pulseras y collares con pasta conseguirás tener unos minutos libres para lo que quieras. Para hacer estos adornos se usan cordones de zapatos en lugar de hilo y aguja. A los niños de tres años les encanta ponerse sus creaciones. Y a las abuelas les gusta mucho este tipo de regalos.

Compra diferentes tipos de pasta con agujero, por ejemplo macarrones, conchas, ruedas, *ziti*, *penne* y *rigatoni*. Al elegir la pasta recuerda que tu hijo debe ser capaz de meter el cordón por las piezas.

Después busca un recipiente pequeño de plástico para guardar cada tipo de pasta. Para ello puedes utilizar tarros limpios de margarina. Si además metes en una caja todos los materiales tendrás un juego que podrás sacar y recoger con facilidad.

Para que la actividad resulte más interesante colorea la pasta en una bolsa de papel con unas gotas de colorante. Cierra la bolsa, agítala y luego pon la pasta de colores en una bandeja cubierta con papel de cocina para que se seque.

Por último enseña a tu hijo a enhebrar la pasta en los cordones. Haz un nudo grande en un extremo de cada cordón. Corta los cordones en trozos de distinto tamaño para que pueda hacer pulseras, collares y otros adornos. (Si cubres un extremo con cinta adhesiva le resultará más fácil.)

túneles de cartón

Materiales

Cajas grandes de cartón

Espacio grande para jugar

Cinta adhesiva (opcional)

Actividad

Este juego lo descubrimos cuando nos cambiamos de casa. En vez de repetir mil veces a nuestra hija que no tocara las cajas, construimos una serie de túneles para que estuviera entretenida. Esta actividad se puede hacer cualquier día, y las cajas se pueden guardar para usarlas de nuevo en cualquier momento.

Busca varias cajas vacías por las que pueda pasar tu hijo a gatas.

Despeja una zona grande para poner las cajas unidas. El túnel no tiene por qué ser recto; puede ir haciendo curvas según el espacio que tengas. (De este modo es aún más divertido.)

Dile a tu hijo que te ayude a construir el túnel y después deja que lo pruebe para ver si le va bien. Si quieres puedes unir las solapas de las cajas con cinta adhesiva, pero no es necesario.

Después deja que el niño mueva las cajas para que haga formas diferentes. Con esta actividad estará entretenido un rato, quizá lo suficiente para que tú hagas o deshagas una caja.

Guarda las cajas plegadas en el garaje, en un armario grande o debajo de la cama para jugar a los túneles otro día.

También puedes darle a tu hijo unas pinturas para que decore las cajas por dentro y por fuera. Y dile que invite a sus muñecos favoritos a dar una vuelta por el túnel.

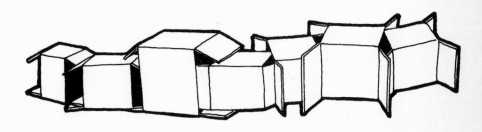

Caja especial

Materiales

Muñecos o juguetes pequeños

Recipiente adecuado (véanse sugerencias abajo)

Actividad

Cuando vayas con tu hijo a un sitio donde tengáis que esperar procura ir preparada. Esperar con un niño de tres años puede ser agotador. Con esta «caja especial» conseguirás que esté un rato entretenido. Mi hija es muy curiosa y activa, y esta actividad nos ha resultado muy útil muchas veces.

Busca una caja de plástico con tapa en la que quepa todo lo que quieras llevar. Los recipientes grandes de toallitas húmedas con cierre hermético van muy bien para esta actividad. (También puedes usar una fiambrera de plástico o una mochila pequeña.)

Después mira con tu hijo sus juguetes y selecciona algunos de sus favoritos para la «caja especial». NO metas en ella nada que pueda manchar, romperse o que no sea seguro. Explica al niño que esos juguetes son para situaciones especiales, por ejemplo para esperar en oficinas o para viajes largos.

Si quieres puedes incluir alguna sorpresa de vez en cuando, como una caja de pinturas y un libro para colorear o varias piruletas con envoltorio. (A ser posible sin azúcar.)

Lleva la «caja especial» cuando tengas que esperar con tu hijo en alguna parte. Esta caja de dulces y actividades le mantendrá ocupado un buen rato. Pregúntale qué le gustaría encontrar en ella y cambia el contenido de vez en cuando.

Cocina de cartón

Materiales

Cazos y cazuelas
Utensilios de cocina
*   *irrompibles*
Caja de cartón
Rotuladores de punta
*   *gruesa*

Actividad

A los niños de tres años les encantan las cocinas, y les gusta jugar con las cosas que usan mamá y papá. Con esta cocina de juguete reutilizable tu hijo pasará unos ratos estupendos. A mi hija le gusta más su cocina de cartón que la de juguete que le compramos, con la que sólo juega de vez en cuando.

Busca en tu cocina utensilios seguros e irrompibles que tu hijo no se pueda tragar. Asegúrate de que estén en buen estado y no tengan bordes afilados. Si observas a tu hijo sabrás qué es seguro para él: algunos niños de tres años siguen llevándoselo todo a la boca; otros no.

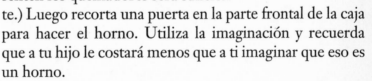

Dibuja la parte superior de una cocina en el fondo de una caja grande de cartón con rotuladores de punta gruesa. (Tu hijo no necesita una cocina profesional; con unos círculos que representen los quemadores será suficiente.) Luego recorta una puerta en la parte frontal de la caja para hacer el horno. Utiliza la imaginación y recuerda que a tu hijo le costará menos que a ti imaginar que eso es un horno.

A los niños de tres años les encanta este juego, y suelen hacer pasteles y comiditas para sus muñecos. Prepárate para probar comidas imaginarias y para decir que están muy ricas. (A todos los cocineros les gustan los elogios.)

Esta cocina de juguete ofrece también una buena oportunidad para explicar algunas normas básicas de seguridad a la hora de cocinar.

Lanzamientos

Materiales

*Cazos, sartenes o
  cestas vacías
Pelotas pequeñas o
  bolsas de alubias
Espacio para jugar*

Actividad

Este juego de lanzamiento lo inventó una niña de tres años, y se puede hacer con cualquier cosa. Al lanzar una pelota pequeña o una bolsa de alubias tu hijo desarrollará la coordinación de los músculos finos y gruesos, que tiene una gran importancia en su evolución física. Cuando mi hija y yo jugamos a este juego siempre gana ella.

Busca por casa varios recipientes. Puedes usar cazos, cazuelas, envases de plástico, cajas de diferentes tamaños, cuencos de plástico o cualquier otra cosa que tengas a mano.

Después coge unas cuantas pelotas pequeñas de tu hijo que quepan en los recipientes. Si quieres puedes sustituirlas por bolsas de alubias o utilizar las dos cosas.

Coloca varios cuencos en fila a diferentes distancias y anima a tu hijo a participar en esta parte del juego.

Luego enséñale a lanzar la pelota. Después de que practique un poco túrnate con él para hacer lanzamientos. (Es posible que lo haga tan bien como tú.) Aprovecha esta actividad para contar. Por ejemplo puedes lanzar la pelota tres veces mientras cuentas «una, dos y tres».

Sé creativa. Puedes inventar juegos diferentes o dejar que tu hijo cree un juego y te lo enseñe. Esta experiencia le ayudará a desarrollar su capacidad de expresión y de razonamiento.

Cintas musicales

Materiales

Grabadora con micrófono

Cintas vírgenes

Actividad

A los niños les encanta escuchar música y cantar. Anima a tu hijo a que cante para grabar su voz. Además de proporcionar una extraordinaria experiencia de aprendizaje, estas grabaciones son estupendas para guardar como recuerdo o para hacer regalos.

Saca la grabadora y varias cintas vírgenes. Si tienes una que funcione con pilas utiliza esta opción, porque a tu hijo le resultará más fácil grabar sin cables ni enchufes. (También puedes usar un magnetófono para niños.)

Enseña a tu hijo a conectar el aparato. Mete dentro la cinta y dile cómo se pone en marcha. Con un poco de práctica muchos niños son capaces de hacerlo solos.

Canta un rato con el niño. Cuando esté preparado para grabar dile que cante la canción varias veces. Después pon la grabación para escucharla juntos. (Recuerda que podéis hacerlo como queráis. Lo más importante es que paséis un buen rato.)

Anima a tu hijo a compartir su grabación con el resto de la familia o a regalársela a alguien un día especial.

También puedes grabar otras cosas que te parezcan interesantes. Ayuda a tu hijo a grabar una carta para los abuelos en la que participe todo el mundo, incluidos el perro y el gato. Les encantará.

Caja de disfraces

Materiales

Caja con tapa
Ropa vieja o disfraces

Actividad

Las simulaciones son muy importantes para los niños de tres años. La capacidad para crear y simular es una parte esencial de su desarrollo mental. Con esta «caja de disfraces» conseguirás que este juego resulte más divertido. Es una actividad muy económica, porque podrás utilizar cosas que ya tienes. Y además el repertorio se puede ampliar y cambiar con facilidad.

Consigue una caja resistente para guardar los disfraces y busca entre la ropa vieja prendas y accesorios interesantes, por ejemplo sombreros, zapatos, ropa de fiesta y prendas grandes. Incluye también los disfraces de Halloween. Piensa en la ropa que tu hijo podría ponerse para simular que es un personaje real o imaginario. Por ejemplo un chal puede ser un turbante, una falda, una toga o la crin de un caballo.

Dile al niño que te ayude a llenar la caja de disfraces y háblale de las cosas que metas en ella. Escucha lo que te diga, porque se le ocurrirán muchas ideas.

Pon la caja en un lugar accesible para que tu hijo pueda cogerla cuando quiera y sugiérele que se disfrace cuando no tenga nada que hacer.

Participa con tu hijo en sus aventuras imaginarias. Puedes interpretar diferentes papeles y realizar muchas actividades apasionantes.

Nota: Pide a tus amigos y parientes que hagan aportaciones para la caja de disfraces. Y no olvides mirar lo que hay dentro cuando tengáis una ocasión especial para disfrazaros (como en Halloween).

trucos para comer

Introducción

Situaciones conflictivas

Exigente, quisquilloso, insoportable. No, no estoy hablando de tu jefe, sino de tu hijo a la hora de comer. Con tres años los niños comienzan a descubrir su poder y su capacidad para elegir. Y aunque en teoría esto es muy positivo, no lo es tanto cuando un pequeño tirano grita y llora delante de un plato de verduras. Con las actividades de esta sección podrás volver a disfrutar de las comidas y evitar los agotadores forcejeos.

Expectativas y realidad

Los niños de tres años suelen ser muy caprichosos con las comidas. Y los expertos afirman que es normal que a veces coman poca, no terminen lo que se les sirve o se nieguen a probar muchas cosas. A todos nos desagradan algunas comidas; en muchas situaciones es una cuestión de preferencias. Para conseguir que la hora de comer sea agradable adapta tus expectativas al proceso de desarrollo de tu hijo. No te preocupes si muchas veces no le gusta lo que le pones. (No te lo tomes como un insulto; sólo tiene tres años.) Recuerda que es normal que derrame la leche y haga tonterías. Dile cómo debe comportarse y evita las confrontaciones. Ya tendrá tiempo de aprender a comer bien más adelante.

Consejos para comer sin problemas

◆ Prepara varios platos nutritivos y deja que tu hijo los pruebe. Sírvele cosas que se puedan comer con los dedos para que no tenga que comer siempre con cuchillo y tenedor, por ejemplo unas rodajas de manzana o una zanahoria.
◆ No conviertas las comidas en una lucha de poder. Aunque ganes acabarás muy cansada.
◆ Cuando comáis fuera elige sitios que tengan instalaciones para niños. De esa manera, si tu hijo hace algo inadecuado nadie se sentirá ofendido. Los restaurantes de comida rápida son estupendos para aprender a comer en público.

Feliz no cumpleaños

Materiales
Gorros de fiesta
Velas
Pastel
Globos
*Materiales para
    manualidades*
Artículos de fiesta
Disfraces

Actividad

A veces todos necesitamos un día especial. Convierte una comida o una cena cualquiera en una fiesta de no cumpleaños improvisada. Con una tarta, velas y unos sombreros puedes organizar un acontecimiento memorable con el que tu hijo disfrutará muchísimo.

Explica al niño qué es un no cumpleaños. Si no conoce la historia de *Alicia en el País de las Maravillas* puedes comprar o alquilar el vídeo, o leerle una edición infantil de este cuento. Dile que un no cumpleaños es algo que podéis celebrar cualquier día que os apetezca hacer una fiesta.

Pensad juntos en el tipo de fiesta que queréis organizar. Prepara o compra una tarta o pon unas cuantas velas en un bizcocho para improvisar una tarta de no cumpleaños. (A los niños les encanta ayudar con la decoración y elegir las velas.)

Después haz o compra gorros de fiesta. Puedes hacerlos con cucuruchos de cartulina y decorarlos con pinturas, pegatinas y brillantina.

Celebrad vuestra fiesta de no cumpleaños con juegos, canciones y velas y dile a tu hijo que pida un deseo. También podéis cantar la canción «Feliz no cumpleaños» de la película de Disney *Alicia en el País de las Maravillas*.

Si quieres aprovecha esta ocasión para que tu hijo aprenda a tener en cuenta a los demás y prepare una fiesta sorpresa para algún miembro de la familia que por cualquier motivo necesite una celebración. A los niños pequeños les gusta hacer feliz a la gente que quieren.

Sándwiches con caras divertidas

Materiales

Rebanadas de pan

Mantequilla de cacahuete

Pasas

Coco rallado

Rodajas de plátano y manzana

Trocitos de zanahoria

Cuchillo de mantequilla

Bandeja

Actividad

¿Has tenido problemas alguna vez para que tu hijo coma? Con estos sándwiches conseguirás que la hora de comer sea para él una delicia. A mi hija le gusta mucho hacer sándwiches con caras y comérselos. Y a mí me encanta esta actividad porque mientras ella está entrenida yo puedo tomarme un café tranquilamente.

Pon todos los ingredientes en una bandeja para organizar mejor las cosas y acabar antes con la limpieza. Corta los ingredientes que a tu hijo le cueste manejar, como las rodajas de manzana.

Después pon una rebanada de pan en un plato y enseña a tu hijo las ilustraciones de esta página para que decida qué cara quiere hacer. Échale una mano si necesita ayuda.

Si le das también leche o zumo y el resto de la zanahoria podrá tomar una comida sana y divertida.

Deja que el niño haga sándwiches con caras cuando necesites tiempo para cocinar. Estos mismos ingredientes se pueden usar en el desayuno. Dile que haga caras en una tostada o una tortita de la misma manera.

44

Manteles alfabéticos

Materiales

*Pliegos o manteles
individuales de
papel*

*Lápices de cera o
rotuladores*

*Desayuno, comida o
cena*

Actividad

A veces lo mejor que se puede hacer para que una comida vaya bien es buscar una distracción. Si utilizas un mantel para jugar al abecedario tu hijo estará entretenido y se irá familiarizando con las letras, con lo cual hará un importante ejercicio de prelectura. Con esta actividad nosotros hemos conseguido comer fuera sin problemas muchas veces, y con el tiempo nuestra hija ha acabado aprendiendo el alfabeto.

Esta actividad se puede realizar en casa o en cualquier restaurante con manteles de papel desechables. (En casa puedes usar pliegos de papel.) Escribe una letra diferente cada día. Comienza con la A y habla de ella con tu hijo. Si estás en casa puedes comenzar el día cantando la canción del alfabeto. (En un restaurante quizá prefieras olvidarte de la canción, a no ser que tengas mucho valor y haya un ambiente distendido.)

Dale a tu hijo varios lápices de cera, y mientras hablas de la letra y de las palabras que comienzan por ella anímale a dibujar una abeja, un aro o cualquier objeto que pueda relacionar con esa letra.

Si el niño tiene interés enséñale a trazar la letra y deja que haga prácticas en el mantel. Dile cómo se escribe en minúscula y en mayúscula.

Escribe todo el alfabeto y di el nombre de cada letra mientras las vas señalando. Deja que el niño te enseñe las que conozca. (Cuanto más practique más letras será capaz de reconocer.)

También puedes utilizar las letras para hacer dibujos divertidos. La A puede ser una montaña. La S puede convertirse en una serpiente. La O puede ser un sol o una cara sonriente. Los adultos se lo pasan tan bien como los niños con estos dibujos. (Y en la mayoría de los restaurantes os darán más manteles si os hacen falta.) No olvides llevártelos a casa para mirarlos más tarde.

Como alternativa, haz esta misma actividad con nú-

Manteles alfabéticos (cont.)

meros. Por ejemplo, traza el número 2 y dibuja cosas que vayan por pares: zapatos, manos, pies, etc. Escribe en el mantel los números del uno al diez y dibuja a su lado series de puntos. (Si algún miembro del grupo se siente creativo, puede convertir el 8 en un bonito muñeco de nieve.)

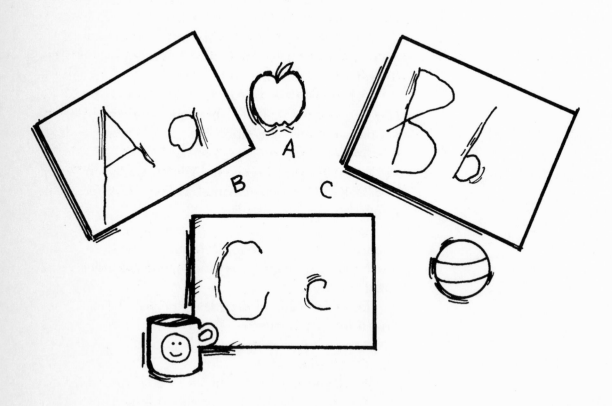

Macedonia

Materiales

Rodajas de plátano y manzana
Pasas
Nubes de malvavisco pequeñas
Cereales
Cuchara grande
Cuencos o platos pequeños
Cuenco grande

Actividad

Esta macedonia es muy nutritiva y muy fácil de preparar. Además, cuando los niños ayudan a preparar la comida suelen comerla mejor. Utiliza esta receta o crea tu propia versión con lo que tengas a mano en la cocina. A mi hija le encanta hacer esta macedonia, y siempre prueba un poco.

Pon en una bandeja unos cuencos pequeños o unos platos de plástico o papel con los ingredientes ya cortados. (Los niños suelen sentirse frustrados si tienen que cortarlos, y no disfrutan con la actividad.)

Utiliza para trabajar una mesa a la que tu hijo llegue con facilidad y una silla cómoda. (Si está sentado con todo a mano preparará mejor la comida.)

Dile al niño que mezcle los ingredientes con una cuchara, háblale de cada uno de ellos y haz comentarios positivos sobre su trabajo.

Deja que os sirva a los dos y siéntate para degustar su creación. Si quieres puedes preparar el resto de la comida para servirla al mismo tiempo.

También puedes decir a tu hijo que haga esta macedonia especial para las fiestas familiares. Así podrá demostrar sus dotes culinarias al resto de la familia.

Cielo de gelatina

Materiales

Gelatina azul
Nubes de malvavisco
  grandes
Recipiente de plástico
  rectangular o
  molde de gelatina

Actividad

A los niños de tres años les encanta la gelatina, porque es blandita y es muy divertido comerla. Con este «cielo de gelatina» tu hijo estará entretenido toda una tarde. Y también disfrutará mucho comiéndoselo.

Prepara la gelatina siguiendo las instrucciones del envase. Según el tamaño del molde quizá puedas usar dos paquetes.

Vierte un tercio de la mezcla de gelatina en el molde y dile a tu hijo que ponga unas cuantas nubes de malvavisco. Luego métela en el frigorífico para que se asiente. (Mantén el resto de la gelatina a temperatura ambiente.)

Cada vez que la gelatina se asiente debéis añadir más nubes y más mezcla de gelatina. De este modo parecerá que las nubes están flotando en el cielo de gelatina.

Cuando la mezcla esté solidificada sácala con cuidado del molde y sírvela en una bandeja.

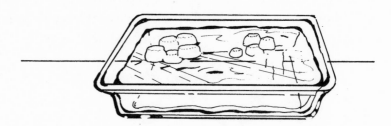

Nota: Con gelatina se pueden hacer muchas otras cosas. Usa gelatina azul con gominolas con forma de peces para hacer un acuario. Pon gominolas con forma de gusanos en gelatina verde a modo de hierba. Utiliza varios colores para hacer un arco iris de gelatina.

Galletas originales

Materiales

Masa para galletas
Dulces para decorar
Bandeja de horno
Cuchillo romo
Plato

Actividad

Para hacer estas galletas no hace falta ninguna habilidad especial. Si utilizas masa congelada te resultará muy sencillo y tu hijo no se impacientará esperando. A mi hija le encanta decorar las galletas, y luego las comemos juntas.

Lleva a tu hijo a comprar los ingredientes para que intervenga en todos los pasos de la actividad. Necesitarás un paquete de masa congelada para galletas. Pregúntale cuál prefiere y mira con él todos los paquetes para que te ayude a decidir.

Después selecciona los dulces para decorar las galletas. Hay una gran variedad para elegir. (Compra lo suficiente para que los dos podáis probar un poco de todo.)

Lee las instrucciones del envase y explica a tu hijo cómo se hornea la masa. Aprovecha la ocasión para recordarle que debe tener cuidado con el horno.

Pon la bandeja sobre una mesa y coloca en ella la masa después de cortarla. Aunque tengas que cortar tú las galletas, tu hijo puede ponerlas en la bandeja y ayudarte a decorarlas. Dile que haga caras y figuras diferentes y que experimente con los colores.

Hornea las galletas y espera a que se enfríen para comerlas. También podéis hacer una hornada de galletas para regalárselas a alguien.

Comidas atractivas

Materiales

Tus recetas favoritas

Ingredientes y utensilios necesarios

Actividades

Siempre es más divertido comer lo que uno ayuda a preparar. Si tu hijo se muestra interesado dile que te ayude a hacer estas comidas. Sin embargo, si es muy quisquilloso será mejor que las prepares tú sola para que no vea qué va a comer. En ese caso sólo participará en la última parte de la actividad.

Si tu hijo odia las verduras, ralla zanahorias para hacer un delicioso pastel de zanahorias y dile que es un pastel de sol cuando se lo sirvas.

También puedes rallar calabacín para hacer pan de calabacín. Úntalo con crema de queso y gelatina y sírvelo con zumo de manzana.

Aunque a tu hijo no le guste la leche es muy probable que coma pudín de chocolate hecho con leche. Pon un poco de nata montada por encima y dile que no podrá comerlo hasta que termine las galletas.

Muchos niños de tres años se niegan a comer porque la comida no les parece atractiva, sobre todo a la hora del desayuno. Sorprende a tu hijo dándole galletas de avena por la mañana. Hazlas con pasas para que le aporten más energía.

Nota: Muchos padres tampoco comen como deberían. Procura sentarte con tu hijo para compartir con él estas comidas especiales.

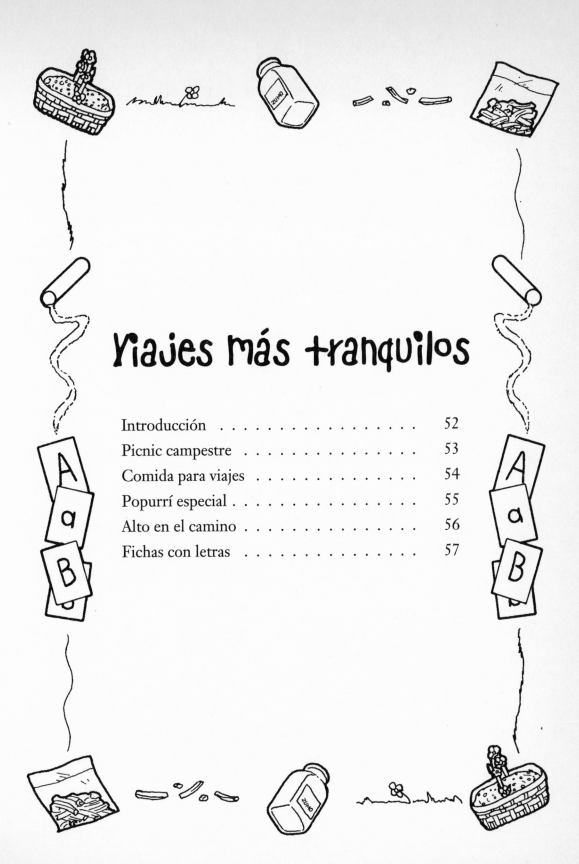

Viajes más tranquilos

Introducción

¿Cuándo llegamos?

Si tienes una actitud positiva y estás preparado para cualquier cosa los viajes te resultarán más llevaderos. Para viajar con un niño de tres años hay que adaptarse a sus necesidades. Tiene las piernas cortas. Tiene que hacer pipí. Tiene que comer algo. Necesita parar de vez en cuando y correr un rato. Necesita su manta o su muñeco favorito. Necesita echar una siesta. Si tienes en cuenta las necesidades de tu hijo viajar con él puede ser divertido. Con las actividades de esta sección conseguiréis llegar a vuestro destino sanos y salvos.

Normas básicas

Antes de salir de casa calcula cuánto va a durar el viaje y piensa qué podéis necesitar los dos para que resulte más agradable. Los niños de tres años pueden ser una compañía extraordinaria. Muchas veces hacen que los viajes sean más amenos, porque se fijan en cosas que nosotros pasamos por alto. Además les gusta cantar canciones y les interesan las experiencias nuevas. Antes de ponerte en marcha ármate de paciencia y disfruta todo lo que puedas.

Consejos para viajar sin problemas

◆ Lleva la manta y el muñeco favorito de tu hijo. Ten a mano otra manta de repuesto.
◆ Dale cajas pequeñas de zumo y bolsitas de cereales cuando necesite reponer energías.
◆ Lleva libros para colorear y algunos de sus cuentos favoritos.
◆ No olvides llevar toallitas húmedas. Los pañuelos de papel también resultan prácticos.
◆ Lleva ropa de repuesto para el niño, aunque el viaje sea corto.
◆ Mete a tu hijo en el coche y conduce con cuidado.

Picnic campestre

Materiales

*Bolsa de papel o cesta
de picnic*
Comida
Bebidas
Servilletas de papel
Toallitas húmedas

Actividad

Si tienes que conducir varias horas y sabes que tu hijo va a ponerse nervioso, organiza este picnic con antelación para que tenga un aliciente especial. Yo disfruto mucho cuando viajo con mi hija haciendo paradas por el camino para respirar un poco de aire fresco y jugar un rato.

Habla con tu hijo del viaje. Dile dónde vais a ir y cuánto tardaréis en llegar. Decide dónde vas a parar para tomar el picnic. (O simplemente para cuando tengáis hambre.)

Prepara la comida que quieras llevar. Deja que el niño te ayude en esta parte del proceso, aunque sólo sea a meter las servilletas en la cesta. (Véase «Comida para viajes» en la página 54 para preparar una comida rápida y sencilla.)

Recuerda que no debes llevar nada que se pueda estropear. Asegúrate de que todos los recipientes están bien cerrados y no dejes la comida al alcance de tu hijo.

Cuando llegue el momento de parar busca un parque que tenga una zona para comer, si es posible con columpios. De ese modo os relajaréis y haréis el resto del viaje mucho mejor.

No olvides incluir algo especial para ti, por ejemplo un termo de café o un sándwich. También tú necesitas descansar un poco.

Comida para viajes

Materiales

*«Popurrí especial»
(véase página
siguiente)*
*Cajas de zumo de
manzana*
Trozos de queso
Palitos de zanahoria
*Bolsas de plástico
para sándwiches*
Bolsa de papel
Lápices de cera

Actividad

Además de ser fácil de preparar y de comer, esta comida infantil se puede llevar a cualquier sitio. A mi hija le encanta, y puede tomarla a cualquier hora: en el desayuno, el almuerzo o la cena.

En primer lugar mira en la siguiente página la receta del «Popurrí especial». Después de prepararlo puedes guardarlo en el armario en un recipiente de plástico; se conservará en buen estado mientras se conserven los cereales.

Cuando vayas a preparar la comida de tu hijo, dale los lápices de cera y la bolsa de papel y dile que la decore. Así tendrás tiempo de organizarlo todo y él podrá personalizar su bolsa.

Si lleva la comida a la guardería, añade una nota con un corazón y un «Te quiero». Enséñaselo antes de salir de casa y dile que es para que sepa que le quieres cada vez que lo vea. (Al principio conviene que le expliques la nota. Cuando sea más mayor y sepa leer puedes incluir notas sorpresa, pero con tres años tendrá suficientes sorpresas a lo largo del día.)

Después de meter la comida en la bolsa podéis poneros en marcha. Recuerda que lo que más les gusta a los niños pequeños son las comidas familiares.

popurrí especial

Materiales

Cheerios
Pasas
Nubes de malvavisco
Virutas de chocolate
Frutos secos
*Bolsas de plástico de
  cierre hermético*
Cuenco grande
Cuchara grande

Actividad

Los niños suelen alterarse cuando viajan, en muchos casos por un bajo nivel de azúcar en la sangre. Asegúrate de que tu hijo no pase hambre en los viajes para que esté de buen humor. Este popurrí se puede preparar con antelación. Ponlo en bolsas de plástico para que pueda comerlo con facilidad y no se le caiga nada.

Piensa qué ingredientes secos le gustan más a tu hijo y modifica la receta en función de sus preferencias. Servirá cualquier cereal pequeño que no sea pegajoso. Además debes tener en cuenta el tiempo. Por ejemplo, si hace mucho calor no es una buena idea incluir chocolate.

Mezcla los ingredientes en un cuenco de plástico con una cuchara grande. Tu hijo difrutará mucho ayudándote en esta parte.

Después echa media taza (120 ml) de popurrí en cada bolsa de plástico.

Experimenta con distintos ingredientes. Puedes usar arándanos secos, coco rallado, caramelos blandos, trocitos de galletas o cualquier otra cosa que tengas en el armario.

Recuerda que es mejor comer sólo cuando el coche esté parado. Los niños pequeños pueden ahogarse, y hay que vigilarlos mientras comen. Ten siempre a mano cajas de zumo de manzana.

Alto en el camino

Materiales

Acera

Tizas especiales para aceras

Toallitas húmedas

Actividad

Si llevas conduciendo toda la mañana y tu hijo comienza a subirse por las paredes del coche, aunque vaya en su silla, para junto a un parque o cualquier zona con una acera para descansar un rato. Esta actividad no es muy adecuada si los niños van con ropa de fiesta, pero os vendrá muy bien cuando estéis agotados.

Antes de salir de viaje compra una caja de tizas baratas. También conviene llevar un paquete de toallitas húmedas para limpiar las marcas de tiza.

Cuanto veas que tu hijo necesita un descanso busca una zona con aceras. La mayoría de los parques y las escuelas tienen una acera o un patio donde se pueden hacer dibujos con tiza.

Si quieres puedes llevar una ropa especial para esta actividad. De esta forma, si vais a algún sitio donde tengáis que llegar limpios podrás cambiar a tu hijo cuando termine de jugar.

Los niños suelen tener muchas ideas para hacer dibujos con tizas, y la mayoría las han usado alguna vez, así que no será necesario que le expliques cómo tiene que utilizarlas.

Cuando termine límpiale las manos con toallitas húmedas y prosigue el viaje.

Si ves tizas baratas en algún sitio compra varias cajas y guarda una sin abrir en el coche.

Fichas con letras

Materiales

Fichas
Rotulador

Actividad

Con esta actividad tu hijo irá muy entretenido en el coche y se irá familiarizando con el abecedario. El viaje se os hará mucho más corto a todos, y habrá un claro ganador.

Dibuja las letras del alfabeto en fichas. Hazlas grandes para que se vean bien, tanto en minúscula como en mayúscula.

Enseña a tu hijo las fichas antes de hacer un viaje y dile cómo se llama cada letra. Con el tiempo acabará reconociendo las letras del alfabeto, pero si no las aprende hasta que vaya a la escuela no te preocupes. Si no insistes en que las aprenda es probable que comience a interesarse por ellas.

Cuando vayáis en el coche dile que vas a señalar cosas que comiencen por la letra A. Dale la ficha para que la sujete y nombra las cosas que veas. Repite la palabra y di «Eso empieza por A».

Cuando conozca las letras puedes decirle que busque una señal en la que haya una A. Cuando lo haga dale la ficha de la A. Continúa hasta que consiga todas las fichas y dale un pequeño premio por haber ganado.

Nota: Procura jugar a esta actividad cuando conduzca otra persona y puedas sentarte al lado de tu hijo. Además, los juegos de letras son más divertidos cuando se viaja con varios niños.

Días relajados

Introducción

¿Qué hacemos?

Los días en los que no hay nada especial que hacer no tienen por qué ser aburridos. En muchos casos esos días sin prisas ni obligaciones son los que los niños recuerdan con más cariño. Las actividades de esta sección están pensadas para los días en que tu hijo y tú tengáis tiempo para hacer cosas creativas y disfrutar con ellas.

Momentos creativos

Los días tranquilos son perfectos para que te pongas la ropa de faena y juegues con tu hijo. A él le encantará que le prestes toda tu atención, y recordará durante mucho tiempo lo bien que os lo pasasteis haciendo algo especial.

Consejos para días relajados

◆ Organízate. Cuando sepas que tu hijo y tú vais a tener un rato libre para hacer lo que queráis, revisa las actividades de esta sección y habla con él de lo que os parezca más divertido. A los niños de tres años les encanta planificar y participar en las decisiones.

◆ Disfruta con tu hijo. A todos nos gusta acordarnos de los días relajados y divertidos. Si estás ocupada y no pasas mucho tiempo con tu hijo, ambos recordaréis con cariño esos días especiales, quizá para siempre.

◆ Ten en cuenta las preferencias de tu hijo. Si tú haces planes para ir a coger conchas y el quiere hacer castillos de arena, ¿qué más da? No hace falta que sigas los planes al pie de la letra. Para un niño de tres años es perfectamente normal pasar de una actividad a otra en poco tiempo.

Alfombra mágica

Materiales

Toalla grande de baño
Imaginación

Actividad

Aladino tuvo una idea estupenda al volar en su alfombra mágica. A los niños les encanta simular que viajan a tierras lejanas en una alfombra mágica, y con este juego pueden dejar volar su imaginación en un espacio reducido.

Explica a tu hijo qué es una alfombra mágica. Muchos niños han visto la película *Aladdin*. (Mi hija la ve todos los días, o eso me parece a mí.) Dile lo maravilloso que sería tener una alfombra mágica para ir volando donde queráis.

Extiende una toalla grande o un trozo de tela en el suelo y siéntate con tu hijo en su alfombra mágica. Háblale de los sitios a los que podéis ir y de las cosas que vais a ver.

Durante el viaje habla con el niño. Hazle preguntas para que desarrolle su capacidad de expresión y aprenda palabras nuevas. Cuando hayáis visto un lugar elegid otro y poneos en marcha de nuevo.

Para que el viaje sea más divertido lleva una fiambrera con comida. A mi hija le encanta tomar zumo de manzana y cereales mientras volamos.

Anima a tu hijo a hablar con otro miembro de la familia de la alfombra mágica y de los lugares imaginarios que hayáis visitado. Así podrá desarrollar la capacidad para recordar secuencias, que le resultará muy útil cuando vaya a la escuela.

Ciudad de papel

Materiales

*Hoja grande de papel
o caja de cartón*

Juguetes pequeños

*Rotuladores de punta
gruesa*

Actividad

Cuando se te acaben las ideas, con esta sencilla actividad conseguirás que tu hijo esté un buen rato entretenido. A mi hija le encanta hacer calles para su ciudad de papel. Es un poco más lioso, y tendrás que trabajar un poco más, pero tu hijo se lo pasará muy bien jugando con su ciudad.

Consigue un trozo grande de papel de envolver o deshaz una caja grande de cartón para que quede plana. También puedes usar un trozo grande de cartón.

Explica a tu hijo que vais a hacer una «ciudad de papel» y ayúdale a buscar coches pequeños, muñecos y animalitos. Dile que vais a construir una ciudad para sus juguetes y pregúntale qué le gustaría poner en ella. Habla de las cosas que suele haber en una ciudad.

Después ayúdale a dibujar las calles y otras zonas con rotuladores. El aspecto de la ciudad dependerá de la imaginación de tu hijo y de los juguetes que la habiten. Deja que los coloque como más le guste.

Anímale a usar bloques para construir casas, escuelas y tiendas. Puede hacer un puente sobre un río, un rascacielos o un castillo. Y también podéis inventaros juegos con diferentes juguetes. Haz una granja con los animales de tu hijo o una obra con camiones. Únete a él o deja que juegue solo. Esta ciudad se puede usar en cualquier momento, y la podéis guardar para jugar con ella siempre que queráis.

Dibujos con pasta

Materiales

Pasta de colores
Cartulina
Cola blanca no tóxica
Lápices de cera
Papel de cocina
Periódico

Actividad

Los niños de tres años disfrutan mucho cubriendo sus dibujos con pasta de colores. A mi hija le encanta pegar en el papel todo tipo de cosas, y con esta actividad se lo pasa muy bien sin destrozar la casa.

Para empezar anima a tu hijo a hacer varios dibujos. Dile que cuando los termine podrá pegar cosas en ellos para que queden más bonitos. Mientras el niño esté dibujando colorea la pasta. (Sigue las instrucciones que se incluyen en la actividad «Adornos de pasta» de la página 34.) Después sécala con papel de cocina y ponla en cuencos separada por colores.

Pon en una bandeja los cuencos de pasta y la cola y cubre la superficie de trabajo con papel de periódico.

Luego enseña a tu hijo a echar la cola y a pegar la pasta en el dibujo. Después de verte unas cuantas veces podrá hacerlo solo.

Cuando termine un dibujo pásalo con cuidado a una bandeja de horno para que se seque. (Si se cae la pasta tu hijo podría enfadarse.) Una vez secos, estos dibujos se pueden exponer e incluso enmarcar.

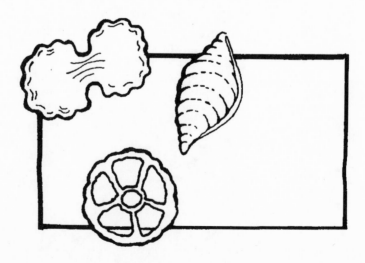

Mi jardín

Materiales

Zona para plantar
Paquetes de semillas
Pala o plantador
Regadera

Actividad

Ver cómo crece un jardín es muy interesante, sobre todo si no se ha hecho nunca. A los niños de tres años les entusiasma esta actividad, que puede durar muchos días. A mi hija le encanta trabajar en el jardín con su abuela, y al mismo tiempo comparte unos ratos entrañables con alguien muy especial para ella.

Esta actividad se puede adaptar a cualquier situación, y también se puede hacer en un apartamento. No hace falta tener un jardín muy grande. Con una pequeña zona soleada o el alféizar de una ventana es más que suficiente.

Planifica el jardín con tu hijo cuando salgáis a comprar todo lo que necesitéis. Se lo pasará en grande eligiendo las semillas y hablando de lo que vais a hacer con ellas. (Recuerda que en cuanto tengáis los materiales querrá empezar enseguida.)

Procura tener la tierra preparada con antelación. Los niños no suelen tener paciencia ni fuerza para este proceso.

Dale tiempo a tu hijo para que mire los paquetes de semillas antes de decidir si vais a plantar flores, verduras o un poco de cada. Procura elegir plantas que germinen pronto. (Todas las variedades de judías crecen rápidamente, sobre todo si las pones en agua por la noche antes de plantarlas. Si compras las semillas por la tarde, puedes decirle a tu hijo que las ponga en un recipiente con agua para plantarlas al día siguiente.)

Lee al niño los paquetes de semillas y deja que vea el nombre de la verdura o la flor que vais a plantar. Después enséñale a usar la pala y la regadera. Deja que practique un rato. (Si quieres puedes ponerle una ropa especial para trabajar en el jardín.)

Decide cómo vas a poner las semillas y dile a tu hijo que te ayude a plantarlas. Si le cuesta manejar la pala deja que eche las semillas en los agujeros. (Recuérdale que no

Mi jardín (cont.)

debe meterse las semillas a la boca, y no le pierdas de vista.)

Después de plantar las semillas enséñale a regarlas con cuidado. Explícale que debe regar el jardín todos los días para que las semillas comiencen a crecer.

Utiliza la actividad de la página siguiente para hacer marcadores de colores para vuestro jardín. Así tendrá algo interesante que hacer mientras espera a que crezcan las plantas.

Marcadores para el jardín

Materiales

Palitos o espátulas
Cartón o papel grueso blanco
Papel adhesivo transparente
Lápices de cera
Paquetes de semillas vacíos
Tijeras
Cola blanca no tóxica

Actividad

Tu hijo se divertirá mucho haciendo estos marcadores para su jardín, que os ayudarán a recordar qué ha plantado en cada zona. Además, con esta actividad tendrá algo interesante que hacer mientras espera a que broten las semillas.

Recorta en un papel grueso o en cartón tiras de 28 × 10 cm. Dóblalas por la mitad para que cada marcador mida 14 × 10 cm y haz un pliegue en la parte de arriba.

Dile a tu hijo que haga un dibujo de cada planta en los cartones usando los paquetes de semillas vacíos como modelo. (También puedes buscar fotografías de flores y plantas en libros de cocina y jardinería.)

Cuando haya terminado el dibujo abre el cartón y cubre la parte interior con cola. Vuelve a doblarlo insertando un palito en el pliegue. (Este palito sujetará el marcador cuando lo claves en la tierra del jardín.) Ponlo debajo de unos libros o de cualquier objeto pesado por la noche.

Después forra el marcador con papel adhesivo transparente. De este modo se mantendrá seco cuando tu hijo riegue o cuando llueva. Aunque estos marcadores no duran para siempre, el papel adhesivo hará que se mantengan en buen estado por lo menos hasta que germinen las semillas.

Deja que el niño ponga los marcadores en su jardín para marcar cada tipo de planta.

Pintando con agua

Materiales

Brochas o rodillos
Cubos
Agua
Ropa vieja

Actividad

Pintar con agua es muy fácil, limpio y divertido, y se puede hacer en cualquier trozo de cemento: una acera, una pared o un muro. En esta actividad se utilizan tanto los músculos finos como los gruesos, cuyo desarrollo es esencial a esta edad.

Busca un espacio al aire libre en el que tu hijo pueda pintar. Asegúrate de que no haya tráfico ni ningún otro riesgo.

Llena un cubo con agua y enseña a tu hijo a mojar la brocha para pintar. El agua irá empapando la superficie, y él podrá ver las zonas que ya ha pintado. Si hace calor el «lienzo» se secará enseguida, y podrá pintarlo de nuevo. (Esta actividad puede llevar mucho tiempo.)

Anima al niño a dibujar figuras, escribir letras y experimentar con distintas posibilidades. Es muy probable que acabéis los dos mojados, pero esto forma parte de la diversión y si hace mucho calor podéis refrescaros.

Mientras tu hijo pinte dile cómo se evapora el agua, qué efectos produce el calor y por qué hace más fresco a la sombra. A los niños de tres años les interesa todo lo que les rodea, y pueden comenzar a comprender muchos conceptos que les resultarán útiles cuando vayan a la escuela.

También podéis mojaros los zapatos o los pies para marcar vuestras huellas en el suelo. Aprovecha la ocasión para hablar de los conceptos grande y pequeño.

Ríos de barro

Materiales

Barro
Manguera
Ropa vieja
Pala y otros utensilios

Actividad

Esta actividad es perfecta para esos días en los que no hay nada que hacer, siempre que no te importe ensuciarte. A los niños les encanta jugar con barro. Cuando no tengáis nada mejor que hacer, deja que tu hijo disfrute manchándose de barro y luego prepárale un baño caliente con mucha espuma.

Recuerda que cuando tu hijo juegue con agua, incluso la de una manguera, existe el riesgo de que pueda ahogarse. Aunque nosotros jugábamos con barro cuando éramos pequeños sin que pasara nada, es importante adoptar medidas de seguridad.

Busca en el jardín una zona que no te importe demasiado. (Debería estar cerca de una manguera.) Después consigue un par de palas, moldes viejos y otros recipientes con los que se puedan hacer pasteles de barro.

Dile a tu hijo que vais a hacer un río o un lago y cava un pequeño surco con una pala para echar agua en él. Luego enséñale a hacer un agujero en el extremo para formar un lago. Aunque sea capaz de manejar la pala quizá necesite un poco de práctica. Para que esta parte de la actividad dure más no eches el agua hasta el final.

Pon piedras y otros materiales alrededor del lago o utiliza juguetes y muñecos viejos para imaginar que viven junto al río.

Estas actividades táctiles y sensoriales son excelentes para el desarrollo físico y mental de los niños. Además, si consigues que un hermano mayor participe en el juego ni siquiera tendrás que ensuciarte.

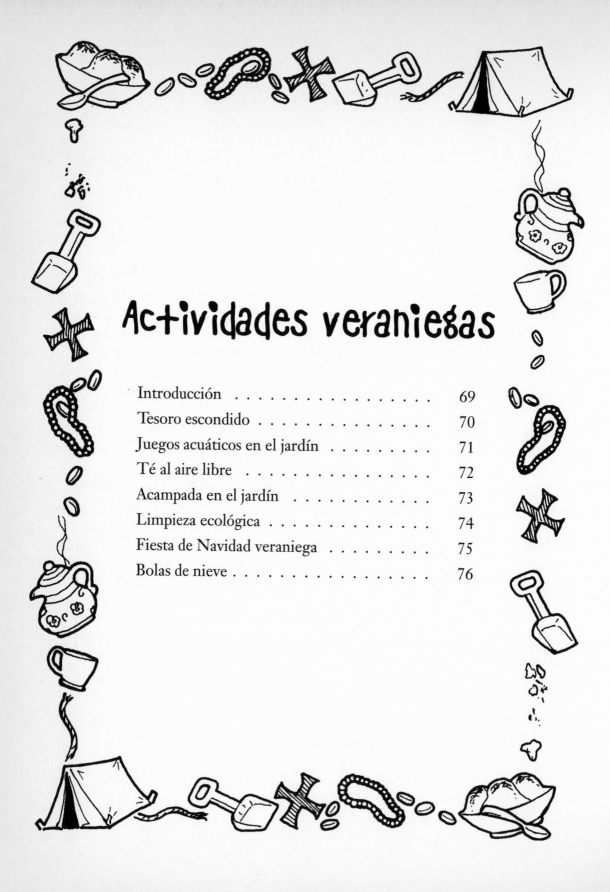

Actividades veraniegas

Introducción

Llega el verano

A todos nos encanta el verano, con los picnics, los días de playa, el sol, las vacaciones, las fiestas y los fuegos artificiales, aunque a veces haga demasiado calor y nos agobiemos en parques de atracciones abarrotados de gente o los niños acaben agotados y con la cara llena de lágrimas. En verano suelen pasar estas cosas, y la clave para sobrevivir es no complicarse la vida. Los niños de tres años pueden disfrutar mucho con actividades sencillas. Si reduces tus expectativas lograrás controlar el estrés y te lo pasarás mucho mejor.

Tiempo de diversión

En verano las mayoría de los padres tenemos que hacer malabarismos para compaginar el ocio y el trabajo. Aunque sólo tengamos un par de semanas de vacaciones, nos sentimos obligados a hacer un esfuerzo para disfrutar como cuando éramos niños. Con las actividades de esta sección tu hijo se divertirá de lo lindo, y tú podrás evocar las sensaciones y los recuerdos de los veranos de tu infancia.

Consejos para las actividades veraniegas

◆ Recuerda que lo primero es la seguridad. Ten en cuenta los riesgos que pueda correr tu hijo. No le dejes NUNCA solo cerca del mar, un lago o una piscina. Aunque sepa nadar y sea prudente no debes perderle de vista.
◆ No te excedas. En verano los niños suelen cansarse con más facilidad, y pueden acabar deshidratados. Cuando salgas de casa no olvides llevar botellas de agua o zumo. Presta atención a los síntomas de agotamiento o deshidratación y no le exijas demasiado cuando haga mucho calor.
◆ Protege al niño con una crema solar, y no olvides el repelente de insectos. Antes de comprar cualquier producto lee la etiqueta para comprobar si es adecuado para niños de tres años.

tesoro escondido

Materiales

Playa o caja de arena
Conchas, piedras o
*   juguetes pequeños*

Actividades

La playa es un lugar perfecto para jugar a los piratas. Con esta actividad que inventó mi hija (la capitana Daisy) hemos pasado muchas horas en la playa enterrando y marcando nuestro tesoro.

El tesoro puede ser cualquier cosa a la que tu hijo quiera dar ese nombre: piedras, conchas, ramas o juguetes pequeños. Una vez reunido el tesoro podéis jugar a los piratas. Mientras uno esconde el tesoro cavando un agujero en la arena y marcándolo con una X, el otro merodea a su alrededor y roba el tesoro escondido. También podéis formar una banda de piratas y trabajar juntos. Seguro que a tu hijo se le ocurren muchas ideas. Cuando comience el juego imaginario puedes ir dirigiéndolo.

Recuerda que con esta actividad pasaréis muchos ratos al sol. Dile al niño que su visera es un sombrero de pirata y no olvides aplicarle protector solar.

juegos acuáticos en el jardín

Materiales

Patio o jardín
Piscina hinchable
Manguera
Protector solar
Toallas
Recipientes de plástico
Barcos o juguetes acuáticos
Imaginación
Tobogán (opcional)

Actividades

Con una piscina hinchable se puede pasar un verano estupendo sin gastar mucho dinero. No hace falta que tengas una piscina de verdad ni que vayas a la playa con toda la familia. Con una inversión mínima y un poco de imaginación podrás disfrutar de unas vacaciones maravillosas. Tu hijo se lo pasará tan bien como en una zona turística, y tú tendrás una excusa para chapotear, hacer castillos de arena y jugar con él en vuestro jardín.

Nota: No le pierdas NUNCA de vista cuando juegue con agua, incluso con la de una manguera o una piscina hinchable.

Tu hijo se divertirá mucho con cualquier tipo de actividad acuática. He aquí algunos ejemplos:

◆ Utiliza vasos y cuencos de plástico de distintos tamaños para trasvasar agua de uno a otro.
◆ Echa en el agua peces de plástico y simula que estás pescando.
◆ Haz pompas de jabón.
◆ Pon en la piscina un tobogán de plástico para que tu hijo se deslice por él.
◆ Dile que intente contener la respiración y hacer burbujas en el agua.
◆ Haced lanzamientos con pelotas de plástico.
◆ Imaginaos que sois peces, delfines, sirenas y tritones, submarinistas y científicos.
◆ Pon la caja de arena cerca de la piscina para hacer una playa.
◆ Jugad con pistolas de agua.
◆ Organiza una carrera de barcos.
◆ No olvides usar un protector solar y vaciar bien la piscina antes de abandonar la zona de juegos.

té al aire libre

Materiales

*Galletas, fruta,
  sándwiches
  pequeños, zumo*
Servilletas
Mantel
*Animales de peluche
  (opcional)*

Actividad

A los niños de tres años les encantan las fiestas, y las de té no son una excepción. Desde que Alicia tomó su primera taza de té en el País de las Maravillas, los niños han jugado a servir el té a sus muñecos y sus ositos. Aprovecha esta idea para enseñar a tu hijo buenos modales y para que comience a colaborar en casa.

Dile que vais a organizar una fiesta y mira con él los armarios de la cocina. Deja que te ayude a planificar el menú y a hacer los preparativos. (Normalmente les gusta más preparar las cosas que comerlas.)

Decidid juntos dónde vais a celebrar la fiesta y cuántos invitados habrá (reales e imaginarios). Si quiere invitar a algunos de sus muñecos, ayúdale a elegirlos. (Esta fiesta es también una ocasión estupenda para invitar a los abuelos, a papá o a los tíos.)

Deja que el niño ponga la mesa y disfrutad de la fiesta.

Acampada en el jardín

Materiales

Tienda de campaña
Sacos de dormir
Barbacoa
Nubes de malvavisco
Tenedores largos o
*   utensilios para asar*
Equipo de cámping
Repelente de insectos

Actividad

Ir de cámping no tiene por qué ser una experiencia aburrida para un niño. De hecho, si organizas una acampada en el jardín un fin de semana os lo pasaréis en grande. Para mi hija es una aventura apasionante. Cantamos canciones, asamos nubes de malvavisco y actuamos como si fuésemos campistas de verdad.

Busca libros o vídeos sobre el tema o vete a una tienda de deportes y habla con tu hijo de los accesorios que se utilizan en las acampadas.

Piensa con antelación cómo va a ser la acampada. Si quieres puedes preparar sándwiches y otras comidas sencillas o simplemente salir al jardín después de cenar. O hacer una barbacoa. Recuerda que si haces fuego debes vigilar bien a tu hijo.

También puedes sacar la guitarra o cantar canciones de campamento. Cuando os tumbéis en los sacos podéis contemplar el cielo y las estrellas. Hablad de la luna, la tierra y otros planetas. Escuchad los sonidos nocturnos para ver cuántos podéis identificar.

Procura dormir bien y no te sorprendas si el campamento se traslada dentro en mitad de la noche. Y aunque estéis en casa no olvides usar repelente de insectos para evitar picaduras.

Limpieza ecológica

Materiales

Bolsas de basura

Zona con basura

Actividad

Con esta actividad los niños de tres años pueden comenzar a sentirse responsables del mundo que les rodea. Explica a tu hijo cómo puede colaborar aprendiendo a recoger basura en un parque o en la playa. Aprovecha esta oportunidad para hablarle del reciclaje de una forma activa y apropiada para su edad.

Después de enseñarle a recoger basura anímale a hacerlo cada vez que vayáis al parque o a la playa. Felicítale por el excelente trabajo que está haciendo para que la tierra sea un lugar más limpio y agradable para todos.

Además, si decides reciclar los residuos que vayáis recogiendo, puede abrir una pequeña cuenta corriente con el dinero que consigáis.

Fiesta de Navidad veraniega

Materiales

*Cintas de vídeo de
      Navidad*
Árbol de Navidad
Cartulina
Lazo
Cola
Cinta adhesiva
Tijeras

Actividad

¿Navidades en julio? ¿Por qué no? Cuando haga mucho calor y estéis cansados de actividades veraniegas, organiza una fiesta de invierno dentro de casa. Elegid un tema e imaginad que fuera hace frío. A mi hija le gusta tanto la Navidad que le encanta celebrarla en cualquier época del año. Esta actividad resulta muy refrescante en verano, y todo el mundo se lo pasa muy bien con ella.

Conecta el aire acondicionado y decora un árbol de Navidad. (Haz uno con cartulina o usa una planta grande.) Para decorarlo puedes utilizar lazos y cadenetas de papel o sacar los adornos navideños.

Pon las cintas de vídeo de Navidad y cantad vuestros villancicos favoritos para recordar lo bien que os lo pasasteis esos días.

Prepara las «Bolas de nieve» de la siguiente página y otros dulces navideños y organiza una fiesta. También puedes hacer o comprar regalos baratos para intercambiarlos.

Bolas de nieve

Materiales
Helado de vainilla
Coco rallado
Bandeja de galletas
Pala para helado
Fuente
Platos
Dos cucharas
Velas (opcional)
Cerillas (opcional)

Actividad

Tu hijo disfrutará mucho ayudándote a hacer estas deliciosas bolas de nieve, que podéis preparar para la «Fiesta de Navidad» de la página 75 o para cualquier otro momento.

Despeja en la cocina una zona a la que tu hijo llegue con facilidad y coloca en ella todos los materiales. Recuerda que cuando comiences a trabajar con el helado tendrás que moverte con rapidez para que no se derrita.

Prepara una bandeja de galletas para las bolas y llena una fuente con coco rallado.

Corta el helado en cubos o sácalo del recipiente con una pala especial. Si usas un cartón rectangular de helado podrás cortarlo rápidamente en cubos con un cuchillo para envolverlo con el coco.

Pon las bolas o los cubos de helado en la fuente y utiliza dos cucharas para cubrirlas de coco. Coloca las bolas en la bandeja y métalas al congelador hasta que estén listas para servir. Puedes poner una vela en cada bola y servirlas con una luz tenue para crear un efecto especial. También puedes usar helado de diferentes sabores y otros ingredientes para cubrirlo, por ejemplo helado de chocolate con fideos de chocolate.

Lugares para ir con un niño de tres años

Revisa la siguiente lista y comprueba a cuántos de estos lugares has ido con tu hijo. Considera las experiencias que compartas con él bajo una perspectiva diferente. Recuerda que cada vez que viva una nueva experiencia en el mundo que le rodea potenciará su desarrollo de una forma positiva y ampliará sus conocimientos, su vocabulario y su capacidad de aprendizaje.

- El supermercado
- Un mercadillo
- Una granja
- Unos grandes almacenes
- Un centro comercial
- Una juguetería
- Una tienda de manualidades
- Un edificio oficial
- El banco
- Un parque de bomberos
- Tu oficina
- Una librería para niños
- Una librería para adultos
- El zoo
- Un museo para niños
- Un museo para adultos
- Un parque de juegos infantiles
- Cualquier parque
- El campo
- Un bosque
- Las montañas
- Un río
- Un hotel
- Un restaurante
- Un acuario
- Una playa o un lago
- Una noche de luna
- Un parque de atracciones
- Una piscina
- Un gimnasio
- Un teatro para niños
- Un cine
- Un espectáculo de marionetas
- Un paseo en poni
- Una comisaría de policía
- Una escuela primaria (para «niños grandes»)
- Un jardín con estatuas
- Un aeropuerto
- Un avión
- Una estación de trenes
- Un tren
- Un autobús
- Un taxi
- Un metro
- Un barco
- Una obra
- Una oficina de correos
- Una heladería
- Una puesta de sol
- Una excursión a la nieve
- Un montón de hojas
- Cualquier sitio al que vayas sin él del que hables a menudo

Ve con tu hijo a cualquiera de estos lugares sin temor a que rompa nada ni se meta en líos. Busca lugares en los que pueda aprender algo nuevo o conocer gente nueva fuera de su entorno familiar. Los policías y los bomberos suelen tener una actitud muy positiva con los niños. Si no estás segura de que una experiencia sea apropiada para tu hijo, llama previamente para pedir información.

Comunicación: la mejor actividad

El principal ingrediente de todas las actividades que se describen en este libro es la comunicación. Cuanto más hablemos a los niños antes aprenderán y desarrollarán su capacidad intelectual.

Los expertos en medicina y educación han comprobado que los niños a los que se habla —y se escucha— tienen por lo general más facilidad para hacer amigos, aprender, rechazar las presiones de sus compañeros y convertirse en adultos emocionalmente equilibrados.

Consejos para comunicarse

- ESCUCHA a tu hijo. Los niños de tres años no se limitan a repetir palabras y contar historias fantásticas. Si le das la oportunidad de hablar normalmente descubrirás que tiene opiniones, que se interesa por el mundo que le rodea, que hay cosas y gente que le agradan y le desagradan y que puede explicarte los motivos de sus preferencias.
- DEDICA un tiempo a tu hijo todos los días. Pasa un rato relajado con él sin hacer nada especial. Obsérvale para ver cómo ve el mundo. Muchas veces los niños nos enseñan a ver las cosas de un modo diferente, porque ven detalles en los que nosotros no nos fijamos: la forma de las nubes, los insectos que hay en la hierba, las flores especiales, las caras de la gente. Los adultos solemos estar muy ocupados a todas horas con nuestras preocupaciones y no apreciamos ese tipo de cosas.
- SUPERVISA la guardería de tu hijo. Ve varios días sin previo aviso para ver cómo atienden las cuidadoras a tu hijo y al resto de los niños. Observa cómo se relacionan con los niños, cómo hablan con ellos y si les escuchan. La capacidad de comunicación de tu hijo no depende sólo de ti, sino también de la relación que mantengan con él otros adultos importantes en su vida.
- QUIERE a tu hijo todos los días y díselo. Las muestras de cariño ayudan a los niños a convertirse en adultos más fuertes y capaces.

Bibliografía

Brazelton, T. Berry, *Touchpoints: Your Child's Emotional and Behavioral Development*, Addison Wesley Publishing, 1992.

Briggs, D., *Your Child's Self Esteem*, Doubleday, 1970.

Eisenberg, A., Murkoff, H., y Hathaway, S., *What to Expect in the Toddler Years*, Workman Publishing, 1994.

Galinsky, E., y David, J., *The Preschool Years*, Ballantine, 1988.

Kersey, K., *Ser padres con sensatez*, Plaza & Janés, 1987.

Shelov, S., *Caring For Your Baby and Young Child: Birth to Age Five*, Bantam Books, 1993.

EL NIÑO Y SU MUNDO

Títulos publicados: